RECEITAS DE INVERNO DA COMUNIDADE

LOUISE GLÜCK

Receitas de inverno da comunidade

Tradução
Heloisa Jahn

Copyright © 2021 by Louise Glück

Grafia atualizada segundo o Acordo Ortográfico da Língua Portuguesa de 1990, que entrou em vigor no Brasil em 2009.

Título original
Winter Recipes from the Collective

Capa
Daniel Trench

Preparação
Silvia Massimini Felix

Revisão
Marina Nogueira
Angela das Neves

Dados Internacionais de Catalogação na Publicação (CIP)
(Câmara Brasileira do Livro, SP, Brasil)

Glück, Louise
  Receitas de inverno da comunidade / Louise Glück ; tradução Heloisa Jahn. — 1ª ed. — São Paulo : Companhia das Letras, 2022.

  Título original: Winter Recipes from the Collective.
  ISBN 978-65-5921-223-1

  1. Poesia norte-americana I. Título.

22-100543   CDD-811.3

  Índice para catálogo sistemático:
  1. Poesia : Literatura norte-americana 811.3

  Maria Alice Ferreira – Bibliotecária – CRB-8/7964

[2022]
Todos os direitos desta edição reservados à
EDITORA SCHWARCZ S.A.
Rua Bandeira Paulista, 702, cj. 32
04532-002 — São Paulo — SP
Telefone: (11) 3707-3500
www.companhiadasletras.com.br
www.blogdacompanhia.com.br
facebook.com/companhiadasletras
instagram.com/companhiadasletras
twitter.com/cialetras

Sumário

11 Poema *Poem 10*

15 A negação da morte *The Denial of Death 14*

27 Receitas de inverno da comunidade *Winter Recipes from the Collective 26*

35 Jornada de inverno *Winter Journey 34*

41 Pensamentos noturnos *Night Thoughts 40*

43 Uma história sem fim *An Endless Story 42*

51 Dia do presidente *Presidents' Day 50*

53 Outono *Autumn 52*

59 Segundo vento *Second Wind 58*

61 Sol poente *The Setting Sun 60*

71 Uma frase *A Sentence 70*

73 História de criança *A children's Story 72*

75 Uma lembrança *A Memory 74*

77 Tardes e inícios de noite *Afternoons and Early Evenings 76*

79 Canção *Song 78*

83 Agradecimentos *Acknowledgements 82*

84 Índice de primeiros versos

RECEITAS DE INVERNO DA COMUNIDADE

WINTER RECIPES FROM THE COLLECTIVE

For Kathryn Davis

Para Kathryn Davis

Poem

Day and night come
hand in hand like a boy and a girl
pausing only to eat wild berries out of a dish
painted with pictures of birds.

They climb the high ice-covered mountain,
then they fly away. But you and I
don't do such things—

We climb the same mountain;
I say a prayer for the wind to lift us
but it does no good;
you hide your head so as not
to see the end—

Downward and downward and downward and downward
is where the wind is taking us;

I try to comfort you
but words are not the answer;
I sing to you as mother sang to me—

Your eyes are closed. We pass
the boy and girl we saw at the beginning;
now they are standing on a wooden bridge;
I can see their house behind them;

Poema

Dia e noite chegam
mão na mão como menino e menina
parando apenas para comer frutinhas silvestres de um prato
pintado com imagens de pássaros.

Eles escalam a alta montanha coberta de gelo,
e voam para longe. Mas você e eu
não fazemos esse tipo de coisa —

Nós escalamos a mesma montanha;
eu faço uma prece para que o vento nos leve
mas ele não atende;
você esconde a cabeça para não
ver o fim —

Para baixo e para baixo e para baixo e para baixo
é aonde o vento está nos levando;

Me esforço para consolar você
mas palavras não resolvem;
canto para você como mamãe cantava para mim —

Você de olhos fechados. Lá estão
o menino e a menina que vimos no início;
agora sobre uma ponte de madeira;
por trás vejo a casa deles;

How fast you go they call to us,
but no, the wind is in our ears,
that is what we hear—

And then we are simply falling—

And the world goes by,
all the worlds, each more beautiful than the last;

I touch your cheek to protect you—

Que rápido vocês vão, gritam para nós,
mas não, é o vento nas nossas orelhas,
é isso o que ouvimos —

Depois estamos simplesmente caindo —

E o mundo passa,
todos os mundos, cada um mais belo que o outro;

Toco sua face para protegê-lo —

The Denial of Death

1. A TRAVEL DIARY

I had left my passport at an inn we stayed at for a night or so
whose name I couldn't remember. This is how it began.
The next hotel would not receive me,
a beautiful hotel, in an orange grove, with a view of the sea.
How casually you accepted
the room that would have been ours,
and, later, how merrily you stood on the balcony,
pelting me with foil-wrapped chocolates. The next day
you resumed the journey we would have taken together.

The concierge procured an old blanket for me.
By day, I sat outside the kitchen. By night, I spread my blanket
among the orange trees. Every day the same, except for the weather.

After a time, the staff took pity on me.
The busboy would bring me food from the evening meal,
the odd potato or bit of lamb. Sometimes a postcard arrived.
On the front, glossy landmarks and works of art.
Once, a mountain covered in snow. After a month or so,
there was a postscript: X sends regards.

A negação da morte

1. DIÁRIO DE VIAGEM

Eu tinha deixado meu passaporte numa pousada onde
                        [passamos acho que uma noite
cujo nome não conseguia lembrar. Foi assim que começou.
O hotel seguinte não quis me receber,
um hotel bonito, cercado de laranjeiras, com vista para o mar.
Com que naturalidade você aceitou
o quarto que teria sido o nosso,
e, depois, com que alegria, em pé na sacada,
me bombardeou com chocolates embrulhados em papel-
                        [-alumínio. No dia seguinte
você retomou a viagem que teríamos feito juntos.

O concierge providenciou um cobertor velho para mim.
De dia, eu me sentava do lado de fora da cozinha. De noite,
                        [estendia meu cobertor
entre as laranjeiras. Todo dia a mesma coisa, a não ser que o
                        [clima impedisse.

Depois de um tempo, os empregados ficaram com pena de mim.
O garçom me levava sobras do jantar,
uma batata, uma prova de carneiro. Às vezes chegava um postal.
Na frente, locais lustrosos e obras de arte.
Uma vez, uma montanha coberta de neve. Um mês depois,
                        [por aí,
um P.S.: *Fulano manda lembranças*.

I say a month, but really I had no idea of time.
The busboy disappeared. There was a new busboy, then one more, I
                                                        [believe.
From time to time, one would join me on my blanket.

I loved those days! each one exactly like its predecessor.
There were the stone steps we climbed together
and the little town where we breakfasted. Very far away,
I could see the cove where we used to swim, but not hear anymore
the children calling out to one another, nor hear
you anymore, asking me if I would like a cold drink,
which I always would.

When the postcards stopped, I read the old ones again.
I saw myself standing under the balcony in that rain
of foil-covered kisses, unable to believe you would abandon me,
begging you, of course, though not in words—

The concierge, I realized, had been standing beside me.
Do not be sad, he said. You have begun your own journey,
not into the world, like your friend's, but into yourself and your
                                                        [memories.
As they fall away, perhaps you will attain
that enviable emptiness into which
all things flow, like the empty cup in the Daodejing—

Everything is change, he said, and everything is connected.
Also everything returns, but what returns is not
what went away—

Digo um mês, mas na verdade eu não fazia ideia do tempo.
O garçom desapareceu. Veio um garçom diferente, depois
[mais um, eu acho.
De vez em quando, um deles dividia as cobertas comigo.

Eu amava aqueles dias! cada um deles tão igual ao precedente.
Havia os degraus de pedra que subíamos juntos
e a cidadezinha onde tomávamos o café da manhã. Bem longe,
eu via a enseada onde nadávamos, só que agora sem ouvir
as crianças gritando umas para as outras, sem ouvir
você me perguntando se por acaso eu queria uma bebida
[gelada,
que eu sempre queria.

Quando os postais cessaram, eu lia de novo os antigos.
Via a mim mesma em pé debaixo da sacada naquela chuva
de beijos cobertos por papel metálico, incapaz de acreditar
[que você me abandonaria,
implorando a você, é claro, mas não com palavras —

O concierge, percebi, havia estado o tempo todo ao meu lado.
Não fique triste, ele disse. Você começou sua própria viagem,
não para o mundo, como a do seu amigo, mas para dentro de
[você e das suas memórias.
À medida que elas se afastarem, talvez você atinja
aquele vazio invejável para o interior do qual
todas as coisas fluem, como a xícara vazia no *Tao Te Ching*—

Tudo é mudança, ele disse, e tudo está conectado.
Tudo volta, também, mas o que volta não é
o que se foi —

We watched you walk away. Down the stone steps
and into the little town. I felt
something true had been spoken
and though I would have preferred to have spoken it myself
I was glad at least to have heard it.

2. THE STORY OF THE PASSPORT

It came back but you did not come back.
It happened as follows:

One day an envelope arrived,
bearing stamps from a small European republic.
This the concierge handed me with an air of great ceremony;
I tried to open it in the same spirit.

Inside was my passport.
There was my face, or what had been my face
at some point, deep in the past.
But I had parted ways with it,
that face smiling with such conviction,
filled with all the memories of our travels together
and our dreams of other journeys—

I threw it into the sea.

It sank immediately.
Downward, downward, while I continued
staring into the empty water.

Olhamos você se afastar. Desceu os degraus de pedra
e entrou na cidadezinha. Senti
que uma verdade havia sido dita
e embora tivesse preferido havê-la dito eu mesma
me alegrei por tê-la ouvido, ao menos.

2. A HISTÓRIA DO PASSAPORTE

Ele voltou mas você não voltou.
Foi assim:

Um dia chegou um envelope,
com selos de uma pequena república europeia.
Que o concierge me entregou com ar de alta cerimônia;
tentei abri-lo adotando o mesmo espírito.

Dentro estava meu passaporte.
Lá estava meu rosto, ou o que havia sido meu rosto
a certa altura, no fundo do passado.
Mas eu me apartara dele,
daquele rosto sorrindo com tanta convicção,
repleto de todas as lembranças das nossas viagens juntos
e dos nossos sonhos de outras jornadas —

Joguei-o no mar.

Ele afundou na hora.
Para o fundo, para o fundo, enquanto eu continuava
fitando a água vazia.

All this time the concierge was watching me.
Come, he said, taking my arm. And we began
to walk around the lake, as was my daily habit.

I see, he said, that you no longer
wish to resume your former life,
to move, that is, in a straight line as time
suggests we do, but rather (here he gestured toward the lake)
in a circle which aspires to
that stillness at the heart of things,
though I prefer to think it also resembles a clock.

Here he took out of his pocket
the large watch that was always with him. I challenge you, he said,
to tell, looking at this, if it is Monday or Tuesday.
But if you look at the hand that holds it, you will realize I am not
a young man anymore, my hair is silver.
Nor will you be surprised to learn
it was once dark, as yours must have been dark,
and curly, I would say.

Through this recital, we were both
watching a group of children playing in the shallows,
each body circled by a rubber tube.
Red and blue, green and yellow,
a rainbow of children splashing in the clear lake.

I could hear the clock ticking,
presumably alluding to the passage of time
while in fact annulling it.

O tempo todo o concierge olhando para mim.
Venha, disse ele, segurando meu braço. E começamos
a dar a volta no lago, meu hábito cotidiano.

Estou vendo, disse ele, que você já não
quer retomar sua antiga vida,
ou seja, mover-se em linha reta, como o tempo
sugere que façamos, e sim (e fez um gesto na direção do lago)
num círculo que aspira
àquela quietude no âmago das coisas,
embora eu prefira pensar que ele também lembra um relógio.

Nesse ponto ele tirou do bolso
o grande relógio com que sempre andava. Desafio você, disse,
a concluir, olhando para isto, se hoje é segunda ou terça.
Mas se olhar para a mão que segura o objeto, vai perceber
                                    [que já não sou
um homem jovem, meu cabelo é cinza.
E não se surpreenderá ao saber
que meu cabelo um dia foi escuro, como o seu deve ter sido
e encaracolado, eu diria.

Durante esse discurso, nós dois
olhávamos para um grupo de crianças brincando no raso,
cada corpo circundado por um tubo de borracha.
Vermelho e azul, verde e amarelo,
um arco-íris de crianças chapinhando no lago límpido.

Eu ouvia o tique-taque do relógio,
supostamente aludindo à passagem do tempo
mas na verdade anulando-o.

You must ask yourself, he said, if you deceive yourself.
By which I mean looking at the watch and not
the hand holding it. We stood awhile, staring at the lake,
each of us thinking our own thoughts.

But isn't the life of the philosopher
exactly as you describe, I said. Going over the same course,
waiting for truth to disclose itself.

But you have stopped making things, he said, which is what
the philosopher does. Remember when you kept what you called
your travel journal? You used to read it to me,
I remember it was filled with stories of every kind,
mostly love stories and stories about loss, punctuated
with fantastic details such as wouldn't occur to most of us,

and yet hearing them I had a sense I was listening
to my own experience but more beautifully related
than I could ever have done. I felt
you were talking to me or about me though I never left your side.
What was it called? A travel diary, I think you said,
though I often called it The Denial of Death, *after Ernest Becker.*
And you had an odd name for me, I remember.

Você precisa se perguntar, ele disse, se não está se enganando.
Com isso quero dizer olhando para o relógio e não
para a mão que o segura. Ficamos ali algum tempo,
                              [contemplando o lago,
cada um de nós pensando os próprios pensamentos.

Mas a vida do filósofo não é
exatamente como você descreve?, perguntei. Fazendo o
                              [mesmo trajeto,
esperando a verdade se revelar.

Mas você deixou de fazer coisas, ele disse, que é o que
o filósofo faz. Lembra-se de quando escrevia no que chamava
seu diário de viagem? Antes você o lia para mim,
lembro que estava cheio de histórias de todos os tipos,
sobretudo de histórias de amor e de histórias sobre perda,
                              [pontuadas
por detalhes fantásticos que não ocorreriam à maioria de nós,

e contudo ao ouvi-las eu tinha a sensação de estar ouvindo
minha própria experiência, só que narrada com uma beleza
que eu nunca conseguiria produzir. Sentia
que você estava falando comigo ou sobre mim, mesmo eu
                              [tendo ficado ao seu lado o tempo todo.
Como era mesmo o nome? Diário de viagem, acho que você
                              [disse,
embora eu muitas vezes o chamasse de *A negação da morte*,
                              [citando Ernest Becker.
E nele você me dava um nome estranho, lembro.

Concierge, *I said*. Concierge *is what I called you.*
And before that, you, *which is, I believe,*
a convention in fiction.

Concierge, falei. Eu chamava você de *concierge*.
E antes, de *você*, que é, me parece,
padrão em ficção.

Winter Recipes from the Collective

1.

Each year when winter came, the old men entered
the woods to gather the moss that grew
on the north side of certain junipers.
It was slow work, taking many days, though these
were short days because the light was waning,
and when their packs were full, painfully
they made their way home, moss being heavy to carry.
The wives fermented these mosses, a time-consuming project
especially for people so old
they had been born in another century.
But they had patience, these elderly men and women,
such as you and I can hardly imagine,
and when the moss was cured, it was with wild mustards and sturdy
[herbs
packed between the halves of ciabattine, and weighted like pan bagnat,
after which the thing was done: an "invigorating winter sandwich"
it was called, but no one said
it was good to eat; it was what you ate
when there was nothing else, like matzoh in the desert, which
our parents called the bread of affliction— Some years
an old man would not return from the woods, and then his wife
[would need

Receitas de inverno da comunidade

1.

Todo ano, quando chegava o inverno, os velhos entravam
nos bosques para recolher o musgo que crescia
no lado norte de certos zimbros.
Era um trabalho lento, de muitos dias, embora aqueles
fossem dias curtos porque a luz minguava,
e quando as mochilas ficavam cheias, penosamente,
eles tomavam o rumo de casa, pois musgo é carga pesada.
As esposas fermentavam esses musgos, projeto que exige tempo
especialmente para pessoas tão velhas
eles haviam nascido num outro século.
Mas tinham paciência, aqueles homens e mulheres idosos,
de um tipo que você e eu mal imaginamos,
e depois de curtido, o musgo era, com mostardas silvestres e
[ervas rudes,
acondicionado entre duas metades de pequenas *ciabattas*, e
[ficava com o peso de *pan bagnat*,
e nesse ponto o assunto se encerrava: "um revigorante
[sanduíche de inverno"
era como o chamavam, mas ninguém dizia
que era bom comê-lo; era o que se comia
quando não havia outra coisa, como *matzá* no deserto, que
nossos pais chamavam de pão da amargura — Acontecia em
[certos anos
de um velho não voltar dos bosques, e então a esposa teria

a new life, as a nurse's helper, or to supervise
the young people who did the heavy work, or to sell
the sandwiches in the open market as the snow fell, wrapped
in wax paper— The book contains
only recipes for winter, when life is hard. In spring,
anyone can make a fine meal.

2.

Of the moss, the prettiest was saved
for bonsai, for which
a small room had been designated,
though few of us had the gift,
and even then a long apprenticeship
was necessary, the rules being complicated.
A bright light shone on the specimen being pruned,
never into animal shapes, which were frowned on,
only into those shapes
natural to the species— Those of us who watched
sometimes chose the container, in my case
a porcelain bowl, given me by my grandmother.
The wind grew harsher around us.
Under the bright light, my friend
who was shaping the tree set down her shears.
The tree seemed beautiful to me,
not finished perhaps, still it was beautiful, the moss
draped around its roots— I was not
permitted to prune it but I held the bowl in my hands,

de achar uma nova vida, por exemplo cuidadora, ou
                              [supervisora
dos jovens que faziam o trabalho pesado, ou então vender
os sanduíches na feira livre com a neve caindo, embrulhados
em papel de cera — O livro contém
só receitas de inverno, quando a vida é dura. Na primavera,
qualquer um pode fazer uma boa refeição.

2.

Do musgo, o mais bonito era guardado
para os bonsais, para eles
um quartinho havia sido reservado,
embora poucos de nós tivessem o dom,
e mesmo para esses um longo aprendizado
era necessário, com regras complicadas.
Uma luz forte iluminava o exemplar sendo podado,
nunca com formas animais, que eram vistas com desdém,
mas somente com as formas
naturais à espécie — Dentre nós, os que assistiam
às vezes escolhiam o recipiente, no meu caso
um pote de porcelana, presente da minha avó.
O vento soprou com mais força à nossa volta.
Sob a luz forte, minha amiga
que estava moldando a árvore largou a tesoura.
Para mim a árvore estava bonita,
não pronta, talvez, mesmo assim bonita, o musgo
envolvendo as raízes — eu não estava
autorizada a podar mas segurava o pote nas mãos,

a pine blowing in high wind
like man in the universe.

3.

As I said, the work was hard—
not simply caring for the little trees
but caring for ourselves as well,
feeding ourselves, cleaning the public rooms—
But the trees were everything.
And how sad we were when one died,
and they do die, despite having been
removed from nature; all things die eventually.
I minded most with the ones that lost their leaves,
which would pile up on the moss and stones—
The trees were miniature, as I have said,
but there is no such thing as death in miniature.
Shadows passing over the snow,
steps approaching and going away.
The dead leaves lay on the stones;
there was no wind to lift them.

4.

It was as dark as it would ever be
but then I knew to expect this,
the month being December, the month of darkness.
It was early morning. I was walking
from my room to the arboretum; for obvious reasons,

um pinheiro soprado pelo vento forte
como o homem no universo.

3.

Como eu falei, era trabalho duro —
tomar conta das arvorezinhas mas também
tomar conta de nós,
alimentar-nos, limpar as áreas comuns da casa —
Mas as árvores eram tudo.
E que tristes ficávamos quando uma delas morria,
e elas morrem, mesmo tendo sido
removidas da natureza; todas as coisas um dia morrem.
Para mim o pior era as que perdiam as folhas,
que se amontoavam sobre o musgo e as pedras —
As árvores eram em miniatura, como eu falei,
mas morte em miniatura é uma coisa que não existe.
Sombras passando sobre a neve,
passos se aproximando e indo embora.
As folhas mortas se assentam sobre as pedras;
não havia vento para soprá-las.

4.

Mais escuro do que estava era impossível
mas para mim isso não era surpresa,
sendo o mês dezembro, o mês da escuridão.
Era de manhãzinha. Eu ia andando
do meu quarto para o arboreto; por razões óbvias,

we were encouraged never to be alone,
but exceptions were made— I could see
the arboretum glowing across the snow;
the trees had been hung with tiny lights,
I remember thinking how they must be
visible from far away, not that we went, mainly,
far away— Everything was still.
In the kitchen, sandwiches were being wrapped for market.
My friend used to do this work.
Huli songli, *our instructor called her,*
giver of care. *I remember*
watching her: inside the door,
procedures written on a card in Chinese characters
translated as the same things in the same order,
and underneath: We have deprived them of their origins,
they have come to need us now.

éramos estimulados a nunca ficar sós,
mas abriam exceções — eu podia ver
o arboreto resplandecendo sobre a neve;
haviam pendurado luzinhas minúsculas nas árvores,
lembro-me de pensar como elas deviam ser
visíveis de muito longe, não que fosse um hábito nosso ir para
muito longe — Tudo estava quieto.
Na cozinha, embrulhavam sanduíches para a feira.
Minha amiga era quem se encarregava disso.
Huli songli, era como nosso instrutor a chamava,
aquela que cuida. Lembro-me
de observá-la: do lado de dentro da porta,
procedimentos anotados num cartão em caracteres chineses
traduzidos como *as mesmas coisas na mesma ordem*,
e embaixo: *Nós as privamos de suas origens,*
e agora elas precisam de nós.

Winter Journey

Well, it was just as I thought,
the path
all but obliterated—

We had moved then
from the first to the second stage,
from the dream to the proposition.
And look—

here is the line between,
resembling
this line from which our words emerge;
moonlight breaks through.

Shadows on the snow
cast by pine trees.

•

Say goodbye to standing up,
my sister said. We were sitting on our favorite bench
outside the common room, having
a glass of gin without ice.
Looked a lot like water, so the nurses
smiled at you as they passed,
pleased with how hydrated you were becoming.

Jornada de inverno

Bom, foi tal como eu pensei,
a trilha
quase completamente obliterada —

Havíamos passado então
da primeira para a segunda fase,
do sonho para a proposta.
E veja —

aqui está a linha divisória,
que lembra
a linha da qual nossas palavras emergem;
o luar irrompe.

Sombras sobre a neve
projetadas por pinheiros.

•

Diga adeus a estar em pé,
declarou minha irmã. Estávamos sentadas em nosso banco
[predileto,
fora da sala coletiva, tomando
um copo de gim sem gelo.
Era bem parecido com água, por isso as enfermeiras
sorriam para a gente ao passar,
contentes por estarmos ficando tão hidratadas.

Inside the common room, the advanced cases
were watching television under a sign that said
Welcome to Happy Hour.
If you can't read, my sister said,
can you be happy?

We were having a fine old time getting old,
everything hunky-dory as the nurses said,

though you could tell
snow was beginning to fall,
not fall exactly, more like weave side to side,
sliding around in the sky—

•

Now we are home, my mother said;
before, we were at Aunt Posy's.
And, between, in the car, the Pontiac,
driving from Hewlett to Woodmere.
You children, my mother said, must sleep
as much as possible. Lights
were shining in the trees:
those are the stars, my mother said.
Then I was in my bed. How could the stars be there
when there were no trees?
On the ceiling, silly, that's where they were.

No interior da sala coletiva, os casos graves
assistiam televisão, na parede uma tabuleta dizia
Bem-vindos à Happy Hour.
Se você não sabe ler, disse minha irmã,
está autorizada a ser feliz?

Vivíamos uma bela velhice à antiga,
tudo joinha, diziam as enfermeiras,

mesmo dando para perceber
que a neve começava a cair,
não exatamente a cair, mas a trançar de cá para lá,
deslizando pelo céu —

•

Agora estamos em casa, disse minha mãe;
antes, estávamos na casa de tia Posy.
E, entre uma e outra, no carro, o Pontiac,
indo de Hewlett para Woodmere.
Vocês, crianças, disse minha mãe, precisam dormir
o máximo possível. Luzes
brilhavam nas árvores:
são as estrelas, disse minha mãe.
Depois, eu deitada em minha cama. Como era possível haver
[estrelas
se não havia árvores?
No teto, tola, era lá que elas estavam.

I must say
I was very tired walking along the road,
very tired— I put my hat on a snowbank.

Even then I was not light enough,
my body a burden to me.

Along the path, there were
things that had died along the way—

lumps of snow,
that's what they were—

The wind blew. Nights I could see
shadows of the pines, the moon
was that bright.

Every hour or so, my friend turned to wave at me,
or I believed she did, though
the dark obscured her.
Still her presence sustained me:
some of you will know what I mean.

•

Devo dizer
que estava muito cansada de tanto andar pela estrada,
muito cansada — larguei o chapéu num banco de neve.

Nem assim fiquei leve o bastante,
meu corpo um fardo para mim.

Ao longo da trilha, havia
coisas que tinham morrido pelo caminho —

calombos de neve,
é o que elas eram —

O vento soprava. Noites em que dava para ver
as sombras dos pinheiros, a esse ponto
brilhava a lua.

A cada hora mais ou menos, minha amiga se virava e
                                        [acenava para mim,
ou pelo menos era o que eu achava, embora
o escuro a toldasse.
Mesmo assim sua presença me fortalecia:
alguns de vocês saberão o que eu quero dizer.

Night Thoughts

Long ago I was born.
There is no one alive anymore
who remembers me as a baby.
Was I a good baby? A
bad? Except in my head
that debate is now
silenced forever.
What constitutes
a bad baby, I wondered. Colic,
my mother said, which meant
it cried a lot.
What harm could there be
in that? How hard it was
to be alive, no wonder
they all died. And how small
I must have been, suspended
in my mother, being patted by her
approvingly.
What a shame I became
verbal, with no connection
to that memory. My mother's love!
All too soon I emerged
my true self,
robust but sour,
like an alarm clock.

Pensamentos noturnos

Há muito tempo eu nasci.
Já não há ninguém vivo
que se lembre de mim quando bebê.
Eu era um bebê bonzinho? Ou
difícil? A não ser na minha cabeça,
essa questão está agora
silenciada para sempre.
Que será que caracteriza
um bebê difícil, pensei. Cólica,
dizia minha mãe, o que significava
que eu chorava muito.
Que mal poderia haver
nisso? Que dura era essa coisa de
estar viva, natural
todos morrerem. E que miúda
devo ter sido, pendurada
na minha mãe, ganhando suas palmadinhas
de aprovação.
Que lástima que fiquei
verbal, desconectada
dessa memória. O amor da minha mãe!
Não demorou, emergi
no meu eu verdadeiro,
forte mas amarga,
como um despertador.

An Endless Story

1.

Halfway through the sentence
she fell asleep. She had been telling
some sort of fable concerning
a young girl who wakens one morning
as a bird. So like life,
said the person next to me. I wonder,
he went on, do you suppose our friend here
plans to fly away when she wakens?
The room was very quiet.
We were both studying her; in fact,
everyone in the room was studying her.
To me, she seemed as before, though
her head was slumped on her chest; still,
her color was good— She seems to be breathing,
my neighbor said. Not only that, he went on,
we are all of us in this room breathing—
just how you want a story to end. And yet,
he added, we may never know
whether the story was intended to be
a cautionary tale or perhaps a love story,
since it has been interrupted. So we cannot be certain
we have as yet experienced the end.
But who does, he said. Who does?

Uma história sem fim

1.

No meio da frase
ela caiu no sono. Estava contando
uma espécie de fábula a respeito
de uma garota que certa manhã acorda
transformada em passarinho. Tão real,
disse a pessoa a meu lado. Fico pensando,
ele prosseguiu, você acha que nossa amiga ali
pretende sair voando quando acordar?
A sala estava muito silenciosa.
Nós dois a estudávamos; na verdade,
todos na sala a estudavam.
Para mim, continuava igual a antes, embora
sua cabeça estivesse caída sobre o peito; mesmo assim,
tinha boas cores — Ela parece estar respirando,
disse meu vizinho. Não apenas isso, continuou,
todos nós estamos aqui nesta sala respirando —
exatamente do jeito que convém uma história acabar. Porém,
acrescentou, talvez nunca fiquemos sabendo
se a história estava destinada a ser
uma história exemplar ou quem sabe uma história de amor,
já que foi interrompida. De modo que não podemos ter
                                        [certeza
de já ter vivenciado o fim.
Mas quem pode, disse ele. Quem pode?

2.

We stayed like this a long time,
stranded, I thought to myself,
like ships paralyzed by bad weather.
My neighbor had withdrawn into himself.
Something, I felt, existed between us,
nothing so final as a baby,
but real nevertheless—
Meanwhile, no one spoke.
No one rushed to get help
or knelt beside the prone woman.
The sun was going down; long shadows of the elms
spread like dark lakes over the grass.
Finally my neighbor raised his head.
Clearly, he said, someone must finish this story
which was, I believe, to have been
a love story such as silly women tell, meaning
very long, filled with tangents and distractions
meant to disguise the fundamental
tedium of its simplicities. But as, he said,
we have changed riders, we may as well change
horses at the same time. Now that the tale is mine,
I prefer that it be a meditation on existence.
The room grew very still.
I know what you think, he said; we all despise
stories that seem dry and interminable, but mine
will be a true love story,

2.

Ficamos assim por muito tempo,
encalhados, pensei comigo mesma,
como navios paralisados pelo mau tempo.
Meu vizinho havia se recolhido em si mesmo.
Alguma coisa, eu achava, existia entre nós,
nada tão definitivo quanto um bebê,
mas real mesmo assim —
Enquanto isso, ninguém falava.
Ninguém correu em busca de ajuda
ou se ajoelhou ao lado da mulher adernada.
O sol se punha; as sombras longas dos olmos
se estendiam como lagos escuros sobre a grama.
Por fim meu vizinho ergueu a cabeça.
Claramente, ele disse, alguém precisa acabar essa história
que, parece-me, estava destinada a ser
uma história de amor dessas que mulheres tolas contam, ou
                                                                [seja,
muito longa, repleta de tangentes e dilações
com a função de disfarçar o tédio
fundamental das suas singelezas. Mas já que, disse ele,
trocamos de cavaleiro, por que não trocar também
de cavalo? Agora que o conto é meu,
prefiro que seja uma reflexão sobre a existência.
A sala ficou muito quieta.
Sei o que vocês acham, ele disse; todos nós detestamos
histórias que parecem áridas e intermináveis, mas a minha
será uma verdadeira história de amor,

if by love we mean the way we loved when we were young,
as though there were no time at all.

3.

Soon night fell. Automatically
the lights came on.
On the floor, the woman moved.
Someone had covered her with a blanket
which she thrust aside.
Is it morning, she said. She had
propped herself up somehow so she could see
the door. There was a bird, she said.
Someone is supposed to kiss it.
Perhaps it has been kissed already, my neighbor said.
Oh no, she said. Once it is kissed
it becomes a human being. So it cannot fly;
it can only sit and stand and lie down.
And kiss, my neighbor waggishly added.
Not anymore, she said. There was just the one time
to break the spell that had frozen its heart.
That was a bad trade, she said,
the wings for the kiss.
She gazed at us, like a figure on top of a mountain
looking down, though we were the ones looking down,
in actual fact. Obviously my mind is not what it was, she said.
Most of my facts have disappeared, but certain
underlying principles have been in consequence

se por amor entendemos nosso jeito de amar quando jovens,
como se o tempo não existisse.

3.

Pouco depois a noite caiu. Automaticamente
as luzes se acenderam.
No chão, a mulher se moveu.
Alguém a cobrira com um cobertor
que ela jogou para o lado.
Já é de manhã?, ela disse. Havia
de algum jeito erguido o corpo de modo a poder ver
a porta. E o passarinho?, ela disse.
Supostamente alguém deve beijá-lo.
Talvez ele já tenha sido beijado, disse meu vizinho.
Ah, não, ela disse. Depois de ser beijado
ele vira um ser humano. Portanto não pode voar;
só pode ficar sentado ou em pé ou deitado.
E beijar, acrescentou meu vizinho, gaiato.
Não pode mais, ela disse. Era só aquela única vez
para quebrar o feitiço que havia gelado o coração dele.
Foi um mau negócio, ela disse,
trocar as asas pelo beijo.
E nos fitou, como um personagem no alto de uma montanha
olhando para baixo, embora a bem da verdade quem olhava
[para baixo
fôssemos nós. É claro que minha mente não é mais o que
[era, ela disse.
A maioria dos meus fatos desapareceu, mas alguns dos
princípios subjacentes ficaram, por isso mesmo,

exposed with surprising clarity.
The Chinese were right, she said, to revere the old.
Look at us, she said. We are all of us in this room
still waiting to be transformed. This is why we search for love.
We search for it all of our lives,
even after we find it.

expostos com clareza surpreendente.
Os chineses tinham razão, ela disse, em reverenciar os velhos.
Olhem para nós, ela disse. Todos nós aqui nesta sala
continuamos à espera de ser transformados. É por isso que
[buscamos amor.
Buscamos amor a vida inteira,
mesmo depois de encontrá-lo.

Presidents' Day

Lots of good-natured sunshine everywhere
making the snow glitter—quite
lifelike, I thought, nice
to see that again; my hands
were almost warm. Some
principle is at work, I thought:
commendable, taking an interest
in human life, but to be safe
I threw some snow over my shoulder,
since I had no salt. And sure enough
the clouds came back, and sure enough
the sky grew dark and menacing,
all as before, except
the losses were piling up—
And yet, moments ago
the sun was shining. How joyful my head was,
basking in it, getting to feel it first
while the limbs waited. Like a deserted hive.
Joyful—now there's a word
we haven't used in a while.

Dia do presidente

Tanto sol aprazível por toda parte
fazendo a neve cintilar — parece
de verdade, pensei, bonito
ver isso outra vez; minhas mãos
estavam quase quentes. Algum
princípio está em ação, pensei:
louvável, dando um apoio
à vida humana, mas por cautela
joguei um pouco de neve por cima do ombro,
não tendo sal. E não deu outra,
as nuvens voltaram, e não deu outra,
o céu ficou escuro e ameaçador,
tudo como antes, sem contar que
as perdas se amontoavam —
momentos antes, porém,
o sol brilhava. Que jubilosa estava a minha cabeça,
ao fruí-lo, sentindo-o primeiro
enquanto o resto do corpo esperava. Feito colmeia
                                   [abandonada.
Jubilosa — aí está uma palavra
que não usamos há um bom tempo.

Autumn

The part of life
devoted to contemplation
was at odds with the part
committed to action.

·

Fall was approaching.
But I remember
it was always approaching
once school ended.

·

Life, my sister said,
is like a torch passed now
from the body to the mind.
Sadly, she went on, the mind is not
there to receive it.

The sun was setting.
Ah, the torch, she said.
It has gone out, I believe.
Our best hope is that it's flickering,
fort/da, fort/da, like little Ernst
throwing his toy over the side of his crib
and then pulling it back. It's too bad,

Outono

A parte da vida
dedicada à contemplação
não concordava com a parte
comprometida com a ação.

•

O outono estava chegando.
Mas lembro
que ele estava sempre chegando
assim que a escola acabava.

•

A vida, disse minha irmã,
é como uma tocha que agora passa
do corpo para a mente.
Que triste, ela continuou, a mente não
estar ali para recebê-la.

O sol se punha.
Ah, a tocha, ela disse.
Se apagou, eu acho.
Nossa única esperança é que esteja ardendo,
fort/da, fort/da, como o pequeno Ernst
jogando o brinquedo por cima da borda do berço
para depois puxar de volta. É uma pena,

she said, there are no children here.
We could learn from them, as Freud did.

•

We would sometimes sit
on benches outside the dining room.
The smell of leaves burning.

Old people and fire, she said.
Not a good thing. They burn their houses down.

•

How heavy my mind is,
filled with the past.
Is there enough room
for the world to penetrate?
It must go somewhere,
it cannot simply sit on the surface—

•

Stars gleaming over the water.
The leaves piled, waiting to be lit.

ela disse, aqui não há crianças.
Poderíamos aprender com elas, como Freud.

•

Às vezes nos sentávamos
em bancos do lado de fora do refeitório.
Cheiro de folhas queimando.

Velhos e fogo, ela disse.
A combinação não é boa. Velhos tocam fogo nas próprias casas.

•

Como pesa a minha cabeça,
cheia de passado.
Será que tem espaço
para o mundo penetrar?
Ele precisa ir para algum lugar,
não pode simplesmente ficar na superfície —

•

Estrelas cintilando sobre a água.
As folhas empilhadas, à espera de que as queimem.

•

Insight, my sister said.
Now it is here.
But hard to see in the darkness.

You must find your footing
before you put your weight on it.

•

Insight, disse minha irmã.
Agora está aqui.
Mas é difícil enxergar no escuro.

Você precisa firmar o pé
antes de soltar o peso em cima.

Second Wind

I think this is my second wind,
my sister said. Very
like the first, but that
ended, I remember. Oh
what a wind that was, so powerful
the leaves fell off the trees.
I don't think so.
I said. Well, they were
on the ground, my sister said. Remember
running around the park in Cedarhurst,
jumping on the piles, destroying them?
You never jumped, my mother said.
You were good girls; you stayed where I put you.
Not in our heads,
my sister said. I put
my arms around her. What
a brave sister you are,
I said.

Segundo vento

Acho que este é o meu segundo vento,
disse minha irmã. Muito
parecido com o primeiro, mas
isso acabou, me lembro. Ah,
que vento era aquele, tão forte
que as folhas caíam das árvores.
Acho que não,
eu disse. Bom, elas estavam
no chão, minha irmã disse. Lembra
que corríamos pelo parque em Cedarhurst,
pulando sobre as pilhas, destruindo-as?
Vocês nunca pulavam, disse minha mãe.
Eram comportadas; ficavam onde eu mandava.
Não na nossa cabeça,
disse minha irmã. Passei
os braços em torno dela. Que
irmã mais valente a minha,
eu disse.

The Setting Sun

1.

I'm glad you like it, he said,
since it may be the last of its kind.
There was nothing to say;
in fact, it did seem the end of something.
It was a solemn moment.
We stood awhile in silence, staring at it together.

Outside the sun was setting,
the sort of pointed symmetry
I have always noticed.

If only I'd known, he said,
the effect of words.
Do you see how this thing has acquired weight and importance
since I spoke?

I could have done this long ago, he said,
and not wasted my time beginning over and over.

2.

My teacher was holding a brush
but then I was holding a brush too—
we were standing together watching the canvas

Sol poente

1.

Que bom que você gosta, ele disse,
já que talvez seja o último do tipo.
Não havia nada a dizer;
na verdade, parecia o fim de alguma coisa.
Era um momento solene.
Ficamos um tempo em silêncio, olhando juntos para ele.

Lá fora o sol se punha,
o tipo de simetria precisa
que sempre registrei.

Se pelo menos eu soubesse, ele disse,
o efeito das palavras.
Você está vendo como esta coisa ganhou peso e importância
desde que eu falei?

Eu podia ter feito isto há muito tempo, ele disse,
em vez de gastar meu tempo começando uma e outra vez.

2.

Meu professor tinha um pincel na mão
mas depois eu também tinha um pincel na mão —
os dois em pé juntos olhando para a tela

out of the corners of which
a turbulent darkness surged; in the center
was ostensibly a portrait of a dog.
The dog had a kind of forced quality;
I could see that now. I have
never been much good with living things.
Brightness and darkness I do rather well with.
I was very young. Many things had happened
but nothing had happened
repeatedly, which makes a difference.
My teacher, who had spoken not a word, began to turn now
to the other students. Sorry as I felt for myself at that moment,
I felt sorrier for my teacher, who always wore the same clothes,
and had no life, or no apparent life,
only a keen sense of what was alive on canvas.
With my free hand, I touched his shoulder.
Why, sir, I asked, have you no comment on the work before us?
I have been blind for many years, he said,
though when I could see I had a subtle and discerning eye,
of which, I believe, there is ample evidence in my own work.
This is why I give you assignments, he said,
and why I question all of you so scrupulously.
As to my current predicament: when I judge from a student's
despair and anger he has become an artist,
then I speak. Tell me, he added,
what do you think of your own work?

pelos cantos da qual
brotava uma turbulenta escuridão; no centro,
ostensivamente, o retrato de um cão.
O cão tinha uma certa qualidade forçada;
agora eu percebia. Nunca
fui muito boa com coisas vivas.
Com luminosidade e escuridão me viro bastante bem.
Eu era muito jovem. Diversas coisas haviam acontecido
mas nada havia acontecido
uma e outra vez, o que faz uma diferença.
Meu professor, sem ter dito uma só palavra, começou a se virar
para os outros alunos. Por mais que eu sentisse pena de mim
                              [naquele momento,
sentia mais pena ainda do meu professor, que sempre usava
                              [as mesmas roupas
e não tinha uma vida, pelo menos não uma vida aparente,
só um sentimento agudo do que estava vivo na tela.
Com a mão livre, toquei seu ombro.
Por que, perguntei, o senhor não fez nenhum comentário
                    [sobre a obra que está diante de nós?
Fui cego durante muitos anos, ele disse,
embora tivesse um olho sutil e judicioso quando via,
qualidades que, acredito, estão fartamente evidenciadas na
                              [minha própria obra.
É por isso que dou tarefas a vocês, ele disse,
e por isso sou tão rigoroso nas perguntas que faço.
Quanto a meu dilema atual: quando acho, ao ver o desespero
e a raiva de um aluno, que ele se tornou um artista,
nesse caso eu falo. Diga-me, continuou,
o que você acha do seu próprio trabalho?

Not enough night, I answered. In the night I can see my own soul.
That is also my vision, he said.

3.

I'm against
symmetry, he said. He was holding in both hands
an unbalanced piece of wood that had been
very large once, like the limb of a tree:
this was before its second life in the water,
after which, though there was less of it
in terms of mass, there was greater
spiritual density. Driftwood,
he said, confirms my view—this is why it seems
inherently dramatic. To make this point,
he tapped the wood. Rather violently, it seemed,
because a piece broke off.
Movement! he cried. That is the lesson! Look at these paintings,
he said, meaning ours. I have been making art
longer than you have been breathing
and yet my canvases have life, they are drowning
in life— Here he grew silent.
I stood beside my work, which now seemed rigid and lifeless.
We will take our break now, he said.

I stepped outside, for a moment, into the night air.
It was a cold night. The town was on a beach,

Está faltando noite, respondi. Na noite posso ver minha
[própria alma.
É também o que penso, ele disse.

3.

Sou contra
a simetria, ele disse. Segurava com as duas mãos
um pedaço desequilibrado de madeira que um dia
já fora bem grande, como um galho de árvore:
isso foi antes da segunda vida que teve na água,
depois da qual, embora houvesse menos dele
em termos de massa, havia maior
densidade espiritual. A madeira flutuante,
ele disse, confirma meu ponto de vista — é por isso que ela
[parece
inerentemente dramática. Para sublinhar sua opinião,
bateu na madeira. Com certa violência, parece,
porque um pedaço quebrou.
Movimento!, ele exclamou. Aprendam! Olhem essas pinturas,
ele disse, referindo-se às nossas. Eu trabalho com arte
há mais tempo do que vocês respiram
e mesmo assim minhas telas têm vida, se afogam
em vida — Nesse ponto, calou-se.
Eu estava ao lado do meu trabalho, que agora parecia rígido
[e sem vida.
Hora do intervalo, ele disse.

Saí da sala, por um momento, para o ar da noite.
Era uma noite fria. A cidade ficava numa praia,

near where the wood had been.
I felt I had no future at all.
I had tried and I had failed.
I had mistaken my failures for triumphs.
The phrase smoke and mirrors *entered my head.*
And suddenly my teacher was standing beside me,
smoking a cigarette. He had been smoking for many years,
his skin was full of wrinkles.
You were right, he said, the way
instinctively you stepped aside.
Not many do that, you'll notice.
The work will come, he said. The lines
will emerge from the brush. He paused here
to gaze calmly at the sea in which, now,
all the planets were reflected. The driftwood
is just a show, he said; it entertains the children.
Still, he said, it is rather beautiful, I think,
like those misshapen trees the Chinese grow.
Pun-sai, *they're called. And he handed me*
the piece of driftwood that had broken off.
Start small, he said. And patted my shoulder.

4.

Try to think, said the teacher,
of an image from your childhood.
Spoon, said one boy. Ah, said the teacher,
this is not an image. It is,
said the boy. See, I hold it in my hand
and on the convex side a room appears

perto do local onde antes estava a mata.
Senti que não tinha futuro nenhum.
Havia tentado e fracassado.
Havia tomado meus fracassos por triunfos.
A expressão *fumaça e espelhos* entrou na minha cabeça.
E de repente o professor estava do meu lado,
fumando um cigarro. Fazia muitos anos que ele fumava,
a pele dele era cheia de rugas.
Você estava certa, ele disse, no modo
como instintivamente se recolheu.
Poucos fazem isso, como vai perceber.
O trabalho virá, disse. Os traços
vão emergir do pincel. A essa altura fez uma pausa
para fitar calmamente o mar no qual, agora,
todos os planetas se refletiam. A madeira flutuante
é pura cena, disse; distrai as crianças.
Mesmo assim, disse, é bem bonito, eu acho,
como aquelas árvores deformadas que os chineses cultivam.
Bon-sai, é o nome. E me entregou
o pedaço de madeira flutuante que havia quebrado.
Comece pequeno, disse. E deu um tapinha no meu ombro.

4.

Procurem pensar, disse o professor,
numa imagem da infância.
Colher, disse um garoto. Ah, disse o professor,
isso não é uma imagem. É sim,
disse o garoto. Veja, eu seguro a colher na mão
e no lado convexo aparece um cômodo

but distorted, the middle taking longer to see
than the two ends. Yes, said the teacher, that is so.
But in the larger sense, it is not so: if you move your hand
even an inch, it is not so. You weren't there, said the boy.
You don't know how we set the table.
That is true, said the teacher. I know nothing
of your childhood. But if you add your mother
to the distorted furniture, you will have an image.
Will it be good, said the boy, a strong image?
Very strong, said the teacher.
Very strong and full of foreboding.

só que distorcido, e é preciso mais tempo para ver o centro
do que os dois lados. Sim, disse o professor, é o que acontece.
Mas no sentido mais amplo, não é: se você move a mão
mesmo uns centímetros, já não é isso. Você não estava lá, disse
[o garoto.
Não sabe como arrumávamos a mesa.
É verdade, disse o professor. Não sei nada
da sua infância. Mas se você adicionar sua mãe
ao mobiliário distorcido, terá uma imagem.
Ela será boa, perguntou o garoto, uma imagem forte?
Muito forte, disse o professor.
Muito forte e plena de presságios.

A Sentence

Everything has ended, I said.
What makes you say so, my sister asked.
Because, I said, if it has not ended, it will end soon
which comes to the same thing. And if that is the case,
there is no point in beginning
so much as a sentence.
But it is not the same, my sister said, this ending soon.
There is a question left.
It is a foolish question, I answered.

Uma frase

Está tudo acabado, digo.
Por que você diz isso? perguntou minha irmã.
É que, eu digo, se não acabou, vai acabar logo,
o que dá no mesmo. E se for assim,
não há razão para começar
uma frase que seja.
Mas não é a mesma coisa, disse minha irmã, isso de acabar logo.
Fica uma pergunta.
É uma pergunta boba, respondi.

A Children's Story

Tired of rural life, the king and queen
return to the city, all the little princesses
rattling in the back of the car, singing the song of being:
I am, you are, he, she, it is—
But there will be
no conjugation in the car, oh no.
Who can speak of the future? Nobody knows anything about the
                                                    [*future,*
even the planets do not know.
But the princesses will have to live in it.
What a sad day the day has become.
Outside the car, the cows and pastures are drifting away;
they look calm, but calm is not the truth.
Despair is the truth. This is what
mother and father know. All hope is lost.
We must return to where it was lost
if we want to find it again.

História de criança

Cansados da vida rural, o rei e a rainha
voltam para a cidade, com todas as princesinhas
bagunçando no banco de trás do carro, cantando a canção
[de ser:
Eu sou, tu és, ele é —
Mas não haverá
conjugação no carro, ah, isso não.
Quem pode falar no futuro? Ninguém sabe coisa alguma
[sobre o futuro,
nem os planetas sabem.
Mas as princesas terão de viver nele.
Que dia mais triste virou este dia.
Fora do carro, as vacas e pastagens derivam para longe;
parecem calmas, mas "calma" não é a verdade.
Desespero é a verdade. É isso que
mãe e pai sabem. Toda esperança está perdida.
Precisamos voltar para o lugar onde a perdemos
se quisermos encontrá-la outra vez.

A Memory

A sickness came over me
whose origins were never determined
though it became more and more difficult
to sustain the pretense of normalcy,
of good health or joy in existence—
Gradually I wanted only to be with those like myself;
I sought them out as best I could
which was no easy matter
since they were all disguised or in hiding.
But eventually I did find some companions
and in that period I would sometimes walk
with one or another by the side of the river,
speaking again with a frankness I had nearly forgotten—
And yet, more often we were silent, preferring
the river over anything we could say—
On either bank, the tall marsh grass blew
calmly, continuously, in the autumn wind.
And it seemed to me I remembered this place
from my childhood, though
there was no river in my childhood,
only houses and lawns. So perhaps
I was going back to that time
before my childhood, to oblivion, maybe
it was that river I remembered.

Uma lembrança

Fui tomada por um mal
de origens jamais determinadas
embora tivesse ficado cada vez mais difícil
manter a aparência de normalidade,
de boa saúde ou alegria na existência —
Cada vez mais, eu só queria estar com pessoas como eu;
ia atrás delas como podia
o que não era nada fácil
já que todas estavam disfarçadas ou escondidas.
Mas no fim consegui encontrar alguns companheiros
e naquela época às vezes saía para caminhar
com um ou outro pela margem do rio,
voltando a falar com uma franqueza quase esquecida —
Embora em geral ficássemos em silêncio, preferindo
o rio a qualquer coisa que pudéssemos dizer —
Nas duas margens, o alto capim taboa soprava
calmamente, continuamente, ao vento de outono.
E tive a impressão de me lembrar daquele lugar
dos tempos da minha infância, só que
na minha infância não havia rio,
apenas casas e prados. Assim, talvez,
eu estivesse voltando para aquele tempo
anterior à minha infância, ao oblívio, quem sabe
fosse esse o rio que eu recordava.

Afternoons and Early Evenings

The beautiful golden days when you were soon to be dying
but could still enter into random conversations with strangers,
random but also deliberate, so impressions of the world
were still forming and changing you,
and the city was at its most radiant, uncrowded in summer
though by then everything was happening more slowly—
boutiques, restaurants, a little wine shop with a striped awning,
once a cat was sleeping in the doorway;
it was cool there, in the shadows, and I thought
I would like to sleep like that again, to have in my mind
not one thought. And later we would eat polpo and saganaki,
the waiter cutting leaves of oregano into a saucer of oil—
What was it, six o'clock? So when we left it was still light
and everything could be seen for what it was,
and then you got in the car—
Where did you go next, after those days,
where although you could not speak you were not lost?

Tardes e inícios de noite

Os belos dias dourados quando você estava perto da morte
mas ainda era capaz de participar de conversas aleatórias
[com estranhos,
aleatórias mas também deliberadas, de modo que as
[impressões do mundo
ainda se formavam, modificando você,
e a cidade radiosa como nunca, sem gente demais no verão
embora àquela altura tudo se passasse mais lentamente —
butiques, restaurantes, uma lojinha de vinhos com toldo
[listrado,
uma vez havia um gato dormindo no vão da porta;
estava fresco, ali, na sombra, e pensei
que gostaria de voltar a dormir daquele jeito, sem um só
pensamento na cabeça. E depois comeríamos *polpo* e *saganaki*,
com o garçom cortando folhas de orégano num pires com
[azeite —
Que horas seriam? Seis? Porque, quando saímos ainda estava
[claro
e tudo podia ser visto do jeito que era,
e aí você entrou no carro —
Aonde foi em seguida, depois daqueles dias,
quando mesmo sem poder falar não estava perdida?

Song

Leo Cruz makes the most beautiful white bowls;
I think I must get some to you
but how is the question
in these times

He is teaching me
the names of the desert grasses;
I have a book
since to see the grasses is impossible

Leo thinks the things man makes
are more beautiful
than what exists in nature

and I say no.
And Leo says
wait and see.

We make plans
to walk the trails together.
When, I ask him,
when? Never again:
that is what we do not say.

He is teaching me
to live in imagination:

Canção

Leo Cruz faz as mais lindas tigelas brancas;
Acho que preciso levar algumas para você
mas como, eis a questão
nos tempos que correm

Ele está me ensinando
os nomes dos capins do deserto;
tenho um livro
já que ver os diferentes capins é impossível

Leo acha que as coisas que o homem faz
são mais bonitas
do que o que existe na natureza

e eu digo que não.
E Leo diz
espere e verá.

Fazemos planos
de percorrer juntos as trilhas.
Quando, pergunto a ele,
quando? Nunca mais:
é isso o que não dizemos.

Ele está me ensinando
a viver na imaginação:

a cold wind
blows as I cross the desert;
I can see his house in the distance;
smoke is coming from the chimney

That is the kiln, I think;
only Leo makes porcelain in the desert

Ah, he says, you are dreaming again

And I say then I'm glad I dream
the fire is still alive

um vento frio
sopra enquanto cruzo o deserto;
vejo a casa dele ao longe;
sai fumaça da chaminé

É o forno de argila, penso;
só Leo faz porcelana no deserto

Ah, diz ele, você sonhando de novo

E então eu digo que estou feliz porque sonho
o fogo ainda está vivo

Acknowledgments

The American Scholar
Liberties
The New Yorker
The New York Review of Books
The Paris Review
The Threepenny Review
My continued thanks to Lisa Halliday.

Agradecimentos

The American Scholar
Liberties
The New Yorker
The New York Review of Books
The Paris Review
The Threepenny Review
Continuo grata à Lisa Halliday.

Índice de primeiros versos

"A parte da vida", 53
"A sickness came over me", 74
"Acho que este é o meu segundo vento", 59
"Bom, foi tal como eu pensei", 35
"Cansados da vida rural, o rei e a rainha", 73
"Day and night come", 10
"Dia e noite chegam", 11
"Each year when winter came, the old men entered", 26
"Está tudo acabado, digo", 71
"Eu tinha deixado meu passaporte numa pousada onde
[passamos acho que uma noite", 15
"Everything has ended, I said", 70
"Fui tomada por um mal", 75
"Há muito tempo eu nasci", 41
"Halfway through the sentence", 42
"I had left my passport at an inn we stayed at for a night or so", 14
"I think this is my second wind", 58
"I'm glad you like it, he said", 60
"Leo Cruz faz as mais lindas tigelas brancas", 79
"Leo Cruz makes the most beautiful white bowls", 78
"Long ago I was born", 40
"Lots of good-natured sunshine everywhere", 50
"No meio da frase", 43
"Os belos dias dourados quando você estava perto
[da morte", 77
"Que bom que você gosta, ele disse", 61
"Tanto sol aprazível por toda parte", 51

"The beautiful golden days when you were soon to be dying", 76
"The part of life", 52
"Tired of rural life, the king and queen", 72
"Todo ano, quando chegava o inverno, os velhos
[entravam", 27
"Well, it was just as I thought", 34

ESTA OBRA FOI COMPOSTA POR ACOMTE EM MERIDIEN E IMPRESSA PELA GRÁFICA BARTIRA EM OFSETE SOBRE PAPEL PÓLEN BOLD DA SUZANO S.A. PARA A EDITORA SCHWARCZ EM ABRIL DE 2022

A marca FSC® é a garantia de que a madeira utilizada na fabricação do papel deste livro provém de florestas que foram gerenciadas de maneira ambientalmente correta, socialmente justa e economicamente viável, além de outras fontes de origem controlada.